Helau und Alaaf!

„So treiben wir den Winter aus..." – mit farbenfroher Deko fürs Haus.

Eine lustige Karnevalsgesellschaft lädt zur Faschingsparty für Groß und Klein ein, Tanzmariechen und Gardist tummeln sich am Fenster, lustige Narren turnen über Gläser und zeigen Ihren Gästen eine lange Nase. Kostümierte Bären bringen gute Laune auf den Tisch und machen Lust auf bunt verzierte Muffins und Schokoküsse.

In diesem Buch finden Sie alles, um Ihr Haus für die fünfte Jahreszeit zu „kostümieren" – vom Fensterbild übers Willkommens-Schild bis hin zur Lichterkette. Ob aus Papier oder Window Color – hier ist für jeden etwas dabei.

Lassen Sie sich inspirieren!

Viel Spaß beim Basteln (und Feiern) wünscht

Christina Michaelis

Die Motive lassen sich in folgende Schwierigkeitsgrade unterteilen:

● ○ ○ einfach ● ● ○ etwas schwieriger ● ● ● anspruchsvoll

IHRE GRUNDAUSSTATTUNG

Folgende Materialien und Arbeitsgeräte sollten Sie zur Hand haben. Sie werden in den einzelnen Materiallisten nicht gesondert aufgeführt.

- Transparentpapier
- dünner Karton
- Bleistift, Radiergummi und Anspitzer
- Fineliner in Schwarz und Rot
- Bunt- und Filzstifte in allen Farben
- spitze Schere
- Cutter mit geeigneter Unterlage
- Klebestift und Klebstoff, z. B. UHU Alleskleber
- Heißklebepistole
- transparentes doppelseitiges Klebeband
- Klebepads
- Klebeband
- Nadel und Nähgarn
- Lochzange, Locher
- Zange

Hinweis: Mit „Rest" ist immer ein Stück gemeint, das maximal A5 groß ist.

So wird's gemacht

Vorlagen übertragen

1 Zum Herstellen der Schablonen die einzelnen Teile vom Vorlagenbogen mit einem Bleistift auf Transparentpapier übertragen. Das Transparentpapier auf dünnen Karton (z.B. Kalenderblätter) kleben und ausschneiden.

2 Die fertigen Schablonen auf das Papier in der entsprechenden Farbe legen, mit einem Bleistift umfahren und ausschneiden. Bei Papiersorten, die nicht durchgefärbt sind, auf das richtige Anlegen der Schablonen achten!

Arbeiten mit Window Color

1 Die Vorlage mit einem Blei- oder Filzstift auf Transparentpapier in der entsprechenden Größe übertragen. Das Transparentpapier unter Klarsichtfolie legen und beides auf der Arbeitsplatte fixieren.

2 Mit der Konturenfarbe die Linien nachzeichnen. Die Konturenfarbe gut trocknen lassen!

3 Das Motiv mit den angegebenen Farben nicht zu dünn ausmalen. Nach dem Trocknen die Motive von der Folie abziehen und auf Fenster oder Gläser kleben.

Tipp: Die Motive lassen sich nur bei Zimmertemperatur von ihrem Untergrund lösen. Gegebenenfalls einen Fön zu Hilfe nehmen! Zur Aufbewahrung sollten Sie Arbeiten aus Window Color zwischen zwei Folien legen (z.B. in Klarsichthüllen).

Tipps & Tricks

- Um die Hologrammfolie wie Tonkarton verwenden zu können, muss ein entsprechend großes Stück der Folie auf weißen Karton geklebt werden. Die Vorlage wird auf die weiße Seite übertragen.
- Papier und Karton untereinander immer mit dem Klebestift kleben. Alleskleber nur bei der Kombination mit anderen Materialien verwenden.
- Fensterbilder, Türschild und Girlanden sehen besonders schön aus, wenn sie doppelseitig gearbeitet werden. In diesem Fall die einzelnen Teile mehrfach ausschneiden.
- Für die roten Wangen mit einem Messer oder Bleistiftanspitzer etwas Farbe von der Stiftspitze schaben und mit dem Zeigefinger verreiben.

Bunte Snacks

→ zum Anbeißen

MOTIVHÖHE
Käsespieße ca. 8 cm
„Alaaf"-Stecker ca. 14 cm
Narren fürs Glas ca. 8 cm

MATERIAL KÄSESPIESSE
- Zahnstocher
- Transparentpapierrest in Weiß mit Punkten
- Tonpapierreste in Blau und Orange
- Krepppapierreste in Gelb und Pink
- Wattekugeln in verschiedenen Farben
- Perlen in verschiedenen Farben und Größen für die Zahnstocherspitze
- Deco-Balls in Lila metallic
- Rocailles in Goldocker
- kleine Perlen in verschiedenen Farben
- Motivlocher: Margerite, ø 1,5 cm

„ALAAF"-STECKER
- Fotokartonrest in Rot
- Schaschlikstäbchen
- Wellpapperest in Regenbogenverlauf
- Konfetti

NARREN FÜRS GLAS
- Klarsichtfolie (z.B. Klarsichthülle)
- Konturenfarbe in Schwarz
- Window Color in Rot, Blau, Gelb, Grün, Orange und Hautfarbe

VORLAGENBOGEN 1A

Käsespieße

1 Den filigranen Schriftzug ausschneiden, um einen Zahnstocher kleben und eine Perle oben aufsetzen.

2 Ein Fähnchen aus dem Transparentpapier mit Punkten ausschneiden und um einen zweiten Zahnstocher kleben. Den Klebstoff gleichmäßig auftragen, da das Papier durchsichtig ist. Die Buchstaben des Wortes „Helau" mit einem wasserfesten, schwarzen Fineliner auf die bunten Punkte schreiben. Ebenfalls eine Perle oben auf den Zahnstocher setzen.

3 Für die glänzenden Spieße eine Wattekugel auf einen Zahnstocher spießen. Ein Stück doppelseitiges Klebeband um die Kugel kleben. Die Kugel in einer kleinen Schale mit Deko-Balls, Rocailles oder anderen kleinen Perlen wälzen. Eine größere Perle oben auf den Zahnstocher setzen.

4 Für die Spieße mit Köpfchen eine Wattekugel auf einen Zahnstocher spießen. Eine kleine Perle als Nase aufkleben, Augen und Mund aufmalen. Den Hut aus Krepppapier zusammenkleben und am Kopf befestigen. Haare aus kleinen Krepppapierstreifen zuschneiden und am Kopf bzw. Zahnstocher fixieren. Unter einen Kopf eine ausgestanzte Blüte als Kragen setzen. Auf den Clown-Zahnstocher eine kleine Perle als Körper stecken.

5 Für den Krepp-Spieß mehrere kleine Streifen Krepppapier einschneiden und um einen Zahnstocher kleben.

„Alaaf"-Stecker

Den Schriftzug mit dem Cutter ausschneiden, an den Spieß kleben und mit Konfetti verzieren. Zwei dünne Streifen Wellpappe leicht kräuseln, um den Spieß legen und festkleben.

Narren fürs Glas

Die Narren wie in der Anleitung auf Seite 3 beschrieben anfertigen.

Tipp: Die Narren sehen auch auf Schüsseln oder Windlichtern gut aus!

Girlanden & mehr

→ Deko fürs Fenster

MOTIVHÖHE
Bonbon ca. 7 cm
Clown ca. 9,5 cm
Narr ca. 10,5 cm
Tanzmariechen ca. 15 cm

MATERIAL GIRLANDEN

- Tonpapierstreifen in Dunkelblau, 10 cm x 43 cm (Clowns), Hellblau, 11,5 cm x 48 cm (Narren), Rot, 16 cm x 45 cm (Tanzmariechen), und Orange, 7,5 cm x 60 cm (Bonbons)

HELAU

- Fotokarton in Rot, Gelb und Hellgrün, A4
- Fotokarton in Hell- und Dunkelblau gemustert, A4
- Fotokartonreste in Orange, Blau und Pink (Konfetti)
- Tonpapierrest in Rot
- 4 Musterklammern

VORLAGENBOGEN 1A + 1B

Girlanden

1 Die Vorlage am linken Rand des Tonpapiers anlegen und übertragen.

2 Das Papier wie einen Fächer falten. Das Motiv vorsichtig so ausschneiden, dass die einzelnen Teile miteinander verbunden bleiben. Auseinanderfalten.

3 Bei Clown und Narr die Augen mit der Lochzange ausstanzen. Die Bonbons evtl. mit Motivlochern verzieren.

Helau

1 Die Einzelteile nach der Vorlage ausschneiden. Das Bonbon mit einem roten Filzstift verzieren und den Hut auf die rote Krempe aus Tonpapier kleben. Etwas Klebstoff auf dem gelben „A" verteilen und den Buchstaben mit gestanztem Konfetti bestreuen.

2 Die Buchstaben mit Musterklammern zum „Helau" zusammenfügen. Hut und Bonbon mit einem Klebepad auf die entsprechenden Buchstaben setzen.

MOTIVHÖHE
Fensterbild ca. 45 cm
gesamte Kette ca. 70 cm

MATERIAL FENSTERBILD

- Fotokarton in Bunt kariert, A4
- Fotokarton in Hautfarbe, A4
- Fotokartonreste in Weiß, Blau, Grün, Gelb und Rot
- 3 unterschiedliche Knöpfe
- Gummiband in Weiß, ca. 0,5 cm breit, 35 cm lang
- Ringelband in Rot, ca. 1,20 m lang
- Lackmalstift in Weiß

DEKOKETTE

- Fotokarton in Hautfarbe, A3
- Fotokartonreste in Rot, Schwarz, Weiß, Gelb und Hellgrün
- Tonpapierreste in Gelb und Hellgrün (Blume am Hut)
- Fotokartonreste in Rot/Blau und Blau/Rot gepunktet
- Wattekugeln in 2 x Gelb, 2 x Hellgrün, 1 x Rot und 1 x Orange
- Motivlocher: Blume, ø 1,5 cm

VORLAGENBOGEN 1 B

Bunte Clowns

→ Fensterbild und Dekokette

Fensterbild

1 Die Einzelteile ausschneiden.

2 Das Gesicht aufmalen, die Nase aufkleben und die Wangen mit Buntstift röten. Mit einem weißen Lackstift einen Lichtpunkt auf die Nase setzen. Jeweils drei ca. 20 cm lange Streifen Ringelband links und rechts am Hinterkopf befestigen und mit der Schere kräuseln. Den Hut mit einem roten Streifen versehen und auf den Kopf kleben.

3 Das weiße Hemd auf dem Oberkörper fixieren. Die Hose auf Hemd und Arme setzen. Das Gummiband mit einem roten Filzstift einfärben und halbieren. Die beiden Bänder an Hosenbund und Rückseite befestigen. Zwei Knöpfe am Hosenbund auf die Gummibänder kleben.

4 Die Pantoffeln zusammenkleben. Die mit einem Knopf versehene gelbe Blüte auf den grünen Schuh setzen. Kopf und Füße am Körper fixieren.

Tipp: Lassen Sie das Gummiband nach dem Färben gut trocknen, damit es nicht auf den Fotokarton abfärbt!

Dekokette

1 Die Einzelteile ausschneiden. Nasen und Münder auf die Gesichter kleben und die Augen aufmalen. Die Haare am Hinterkopf festkleben.

2 Die Krempe des großen Hutes auf den Kopf setzen, den Hut hinter der Krempe fixieren. Den kleinen Hut mit einer ausgestanzten Blüte dekorieren und auf den Kopf kleben.

3 Beim Zusammenfügen der Kette zwischen den Clowngesichtern jeweils drei verschiedenfarbige Wattekugeln auffädeln.

Tipp: Auch kleine Teile wie Blüten und Kreise lassen sich sauber und ordentlich aufkleben. Mit einer kleinen Ecke eines Fotokartonrestes etwas Kleber vom Klebestift abnehmen und diesen vorsichtig unter die Blüte oder den Kreis streichen.

Tischdeko für die Kinderparty

→ Bärenspaß

MOTIVHÖHE
Bärenkopf an Strohhalm
ca. 11 cm
Bärenkopf an Serviette
ca. 10 cm
Tischkärtchen ca. 13 cm

MATERIAL STROHHALM

- Strohhalme in verschiedenen Farben
- Fotokartonreste in Sonnengelb, Gold, Hellblau, Rot, Gelb, Pink, Hellgrün und Blau mit bunten Punkten
- Sternenaufkleber in Gold, ø 1,5 cm

TISCHKARTE

- Fotokartonreste in Rot/Blau und Blau/Rot gepunktet
- Fotokartonreste in Sonnengelb, Rot, Orange und Weiß
- Wabenpapierstreifen in Rot, 7 cm x 2 cm

SERVIETTE

- Servietten in verschiedenen Farben
- Holz-Wäscheklammern, 4,5 cm lang
- Fotokarton in Sonnengelb, A4
- Fotokartonreste in Dunkelblau, Gelb, Hellgrün, Rot und Pink
- Fotokartonrest in Blau mit bunten Quadraten
- Tortenspitzenrest in Weiß
- Markierungspunkte in verschiedenen Farben
- Sternchenaufkleber in Gold

VORLAGENBOGEN 2A

Strohhalm

Das Gesicht auf den Bärenkopf malen und die Nase aufkleben. Für die Ohren einen mit der Lochzange gestanzten Kreis halbieren. Den Hut mit gestanzten Kreisen oder einem Sternchenaufkleber und weißem Buntstift verzieren. Den Kopf auf Hut und Kragen setzen. Den fertigen Bärenkopf mit Klebeband an einem farblich passenden Strohhalm befestigen.

Tischkarte

1 Nase, Ohren und Mund auf den Kopf kleben, den Rest des Gesichts aufmalen. Den Hut und den Kragen aus Wabenpapier am Kopf fixieren.

2 Den Körper an der gestrichelten Linie entlang falten und den Kopf auf den Körper kleben. Das Herz beschriften und mit einem Klebepad an der Hand befestigen. Zum Schluss die Hand an den Körper kleben.

Serviette

1 Das Gesicht auf den Bärenkopf malen, Nase und Ohren aufkleben, die Wangen mit Buntstift röten.

2 Den Hut bzw. die Krone und den Kragen bzw. die Fliege am Kopf befestigen. Den Hut mit einem Sternchenaufkleber verzieren. Den fertigen Bärenkopf auf die Wäscheklammer kleben.

3 Eine farblich passende Serviette als Gewand falten (siehe Abbildung) und mit den Aufklebern verzieren. Die Klammer an die Serviette stecken.

Tipp: Durch Variation von Farben und Materialien sowie durch Verkleinern bzw. Vergrößern der Vorlagen kann man für jeden seiner kleinen Partygäste eine ganz persönliche Tischdekoration basteln! Der bärige Serviettenhalter ist ein schönes Erinnerungsstück und kommt als Zettelhalter zu neuen Ehren!

Muffins, Schokoküsse & Co.

→ lustige Leckereien

MOTIVGRÖSSE
Kuchen, ca. 18 cm

MATERIAL
- Schokoladenplätzchen
- Dekor-Konfetti
- Smarties in Klein und Groß
- Zuckerschrift in Weiß, Rot, Grün und Gelb

ZUSÄTZLICH FÜR SCHOKOKÜSSE
- kleine Schokoküsse mit weißer, hell- und dunkelbrauner Schokolade
- Transparentpapierrest in Weiß mit bunten Punkten

ZUSÄTZLICH FÜR MUFFINS
- Muffins
- Papier-Backförmchen für Muffins in verschiedenen Farben

ZUSÄTZLICH FÜR CLOWNKUCHEN
- Kuchen rund, ø ca. 18 cm
- 1 Kracher (Kaubonbon) in Rot
- Transparentpapierrest mit Clowns
- Wattekugel in Lila
- Tortenspitze in Oval
- Schaschlikstäbchen
- Zahnstocher
- 250 g Puderzucker und 1-2 Zitronen für den Zuckerguß

VORLAGENBOGEN 2B

Clownkuchen

1 Kuchenteig für eine kleine Springform herstellen, backen und abkühlen lassen. Puderzucker und Zitronensaft zu einem dickflüssigen Guss verrühren. Den Kuchen mit dem Zuckerguss bestreichen.

2 Schokoladenplätzchen als Haare auflegen. Kleine Smarties und ein halbiertes Kaubonbon als Augen und Nase auf den Kuchen setzen. Etwas Konfetti zwischen die Haare und auf den Kuchenrand streuen. Ein bis zwei Tropfen rote Zuckerschrift mit etwas Zuckerguss verrühren und daraus mit Hilfe eines Zahnstochers die Wangen auftragen. Nach dem Trocknen des Zuckergusses den Mund mit roter und grüner Zuckerschrift aufmalen.

3 Den Hut aus Transparentpapier zusammenkleben und mit einer Wattekugel auf das Schaschlikstäbchen spießen. Eventuell den Hut mit einem Klebestreifen am Stäbchen fixieren. Das Schaschlikstäbchen auf ca. 12 cm kürzen und in den Kuchen stecken.

4 Die Tortenspitze in der Mitte falten und als Kragen unter den Kuchen legen. Mit Smarties dekorieren.

Schokoküsse

1 Für die „Helau"-Küsse auf dem unteren Rand der kleinen Schokoküsse weiße Zuckerschrift als Klebstoff verteilen und mit Konfetti bestreuen. Mit Zuckerschrift in verschiedenen Farben die Buchstaben des Wortes „Helau" auf die Schokoküsse schreiben.

2 Für die Clown-Küsse auf einen großen Schokokuss mit weißer Zuckerschrift zwei kleine Smarties als Augen und ein großes Smartie als Nase kleben. Den Mund mit weißer Zuckerschrift aufmalen. Den Hut aus Transparentpapier zusammenkleben und dem Schokokuss-Clown aufsetzen.

WEITERFÜHRUNG

Muffins, Schokoküsse & Co.

3 Ein Schokoladenplätzchen mit Zuckerschrift auf einem kleinen Schokokuss befestigen. Als Nase ein kleines Smartie ankleben. Dem kleinen Clown mit grüner Zuckerschrift Augen aufmalen.

Bunte Muffins

Mit Zuckerschrift ein Schokoplätzchen auf einem Muffin plazieren. Kleine Smarties in verschiedenen Farben auf Muffin und Schokoplätzchen platzieren. Die Smarties mit Zuckerschrift in unterschiedlichen Farben verzieren.

Hütchen-Parade

→ bunte Lichterkette

MOTIVHÖHE
Hütchen ca. 14 cm

MATERIAL
- Transparentpapier in Weiß mit bunten Punkten, A4
- Transparentpapier in Rot mit Clowns, A4
- Transparentpapier in Rot, Orange und Hellgrün, A4
- Crea-Pop Folie, selbstklebend, 0,3 mm stark, 5 x A4
- 10er-Lichterkette
- 10 Chenilledrahtstücke in Blau, Rot, Orange und Weiß, je ca. 32 cm lang
- 22 Pompons in Rot, Weiß, Blau, Gelb und Dunkelgrün, ø 2 cm
- Papierdraht in Rot und Orange, je 3,60 m lang
- Tacker
- extra starker Klebstoff
- Wäscheklammern

VORLAGENBOGEN 2B

1 Das Transparentpapier auf die Crea-Pop Folie kleben. Die Vorlage übertragen und die Hütchen ausschneiden. Die Hütchen um die einzelnen Lichter legen und mit extra starkem Kleber zusammenkleben, am unteren Rand zusätzlich zusammentackern. Während des Trocknens mit Wäscheklammern fixieren.

2 Die Pfeifenputzer um die Hutränder kleben und die Pompons an den Hüten befestigen. Die beiden Papierdrahtstücke um die Lichterkette wickeln.

Faschingsparty

→ Welcome-Schild

MOTIVHÖHE
ca. 35 cm

MATERIAL
- Fotokartonreste in Weiß, Rot, Hellgrün, Gelb, Schwarz, Hautfarbe, Grau, Rosa, Hellblau, Dunkelblau und Orange
- Tonpapierrest in Mittelbraun
- Fotokartonreste in Blau mit bunten Punkten und in Gelb mit blauen Punkten
- Krepppapierrest in Hellblau
- geglühter Blumendraht, ø 0,65 mm, ca. 40 cm lang
- Papierdrahtstücke in 1 x Gelb, 2 x Rot und 1 x Blau, je 10-15 cm lang
- je eine Flauschfeder in Rot, Grün und Hellbraun

VORLAGEN-BOGEN 2B

1 Die Einzelteile ausschneiden. Die Gesichter aufmalen. Für eins der Ballongesichter eine rote Nase ausstanzen und fixieren. Das Schild beschriften und auf seinen blauen Rahmen kleben.

2 Die Haare auf das Gesicht der Maus kleben und den Kopf von hinten am Kostüm befestigen. Die rosa Innenohren aufkleben.

3 Mit dem Cutter einen Scheitel in die Haare des Indianers schneiden, den Kopf durchschieben und fixieren. Das Stirnband aufkleben und mit einem Muster verzieren. Die Federn mit Heißkleber hinter die Haare kleben. Die Fransen auf das Indianerkostüm setzen und den Kopf von hinten am Kostüm befestigen.

4 Für die Perücke des Clowns aus Krepppapier einen 20 cm x 7 cm und einen 15 cm x 3 cm großen Streifen ausschneiden, diese mehrfach einschneiden und gerafft hinten bzw. vorne an den Kopf kleben. Den Hut befestigen. Den Kragen auf das Kostüm setzen und den Kopf am Körper fixieren.

5 Die Maus hinter das Schild kleben. Die drei unteren Ballons hinter der Maus befestigen. Die rote Papierkordel um den blauen Ballon schlingen und den Clown hinter den Ballons fixieren. Den Indianer hinter den grünen Ballon kleben. Den gepunkteten Ballon hinter Maus und Indianer befestigen und die blaue Kordel mit Heißkleber fixieren. Den zweiten blauen Ballon mit einer Papierkordel versehen und hinter den Indianer kleben. Das untere Ende der Kordel mit Heißkleber fixieren. Dann die Hände aufkleben.

6 Den Draht über einen runden Bleistift wickeln und an der Indianerfrisur und dem Clownshut befestigen. Eine weitere rote Kordel um den zweiten grünen Ballon schlingen und diesen mit Heißkleber am Draht fixieren. Das Ende der Schnur hinter dem gepunkteten Ballon festkleben. Das Türschild mit Konfetti verzieren.

Faschingsparty

→ Welcome-Schild

MOTIVHÖHE
ca. 35 cm

MATERIAL

- Fotokartonreste in Weiß, Rot, Hellgrün, Gelb, Schwarz, Hautfarbe, Grau, Rosa, Hellblau, Dunkelblau und Orange
- Tonpapierrest in Mittelbraun
- Fotokartonreste in Blau mit bunten Punkten und in Gelb mit blauen Punkten
- Krepppapierrest in Hellblau
- geglühter Blumendraht, ø 0,65 mm, ca. 40 cm lang
- Papierdrahtstücke in 1 x Gelb, 2 x Rot und 1 x Blau, je 10-15 cm lang
- je eine Flauschfeder in Rot, Grün und Hellbraun

VORLAGENBOGEN 2B

1 Die Einzelteile ausschneiden. Die Gesichter aufmalen. Für eins der Ballongesichter eine rote Nase ausstanzen und fixieren. Das Schild beschriften und auf seinen blauen Rahmen kleben.

2 Die Haare auf das Gesicht der Maus kleben und den Kopf von hinten am Kostüm befestigen. Die rosa Innenohren aufkleben.

3 Mit dem Cutter einen Scheitel in die Haare des Indianers schneiden, den Kopf durchschieben und fixieren. Das Stirnband aufkleben und mit einem Muster verzieren. Die Federn mit Heißkleber hinter die Haare kleben. Die Fransen auf das Indianerkostüm setzen und den Kopf von hinten am Kostüm befestigen.

4 Für die Perücke des Clowns aus Krepppapier einen 20 cm x 7 cm und einen 15 cm x 3 cm großen Streifen ausschneiden, diese mehrfach einschneiden und gerafft hinten bzw. vorne an den Kopf kleben. Den Hut befestigen. Den Kragen auf das Kostüm setzen und den Kopf am Körper fixieren.

5 Die Maus hinter das Schild kleben. Die drei unteren Ballons hinter der Maus befestigen. Die rote Papierkordel um den blauen Ballon schlingen und den Clown hinter den Ballons fixieren. Den Indianer hinter den grünen Ballon kleben. Den gepunkteten Ballon hinter Maus und Indianer befestigen und die blaue Kordel mit Heißkleber fixieren. Den zweiten blauen Ballon mit einer Papierkordel versehen und hinter den Indianer kleben. Das untere Ende der Kordel mit Heißkleber fixieren. Dann die Hände aufkleben.

6 Den Draht über einen runden Bleistift wickeln und an der Indianerfrisur und dem Clownshut befestigen. Eine weitere rote Kordel um den zweiten grünen Ballon schlingen und diesen mit Heißkleber am Draht fixieren. Das Ende der Schnur hinter dem gepunkteten Ballon festkleben. Das Türschild mit Konfetti verzieren.

WILLKOMMEN

Narrenkappen und mehr

→ hübsche Girlanden

MOTIVHÖHE
Kappe ca. 13 cm
Stiefel ca. 12 cm

MATERIAL NARRENKAPPEN

- Fotokarton in Weiß, Gelb, Rot und Blau
- Tonpapierrest in Weiß
- Hologrammfolienreste in Gold und Silber
- Satinband in Blau-Weiß-Rot gestreift

TRÖMMELCHEN UND CO.

- Fotokartonreste in Hellblau, Dunkelblau, Gelb, Hellgrün, Rot und Orange
- Hologrammfolienreste in Gold und Silber
- Geschenkband in Rot

VORLAGENBOGEN 3A

Narrenkappen

1 Die Einzelteile ausschneiden. Die Satinbänder durch die Schlitze in den mittleren Spitzen der Narrenkappen ziehen und diese gegebenfalls mit einer kleineren Spitze dekorieren.

2 Die übrigen Spitzen gemäß Abbildung mit kleineren Spitzen bekleben und auf die großen Spitzen setzen. Dabei stets darauf achten, dass die Bänder straff bleiben und sich nicht übereinander schieben. Aus einem Stück Tonpapier entsprechend der Vorlage einen kleinen Fächer falten und zwischen den Spitzen einer Kappe fixieren (Abbildung ganz rechts).

3 Den Rand der Kappe verzieren und aufkleben.

Trömmelchen und Co.

Die einzelnen Teile von Trommel, Trompete, Hut und Stiefel zusammenkleben und verzieren. Anschließend die karnevalistischen Accessoires auf dem Geschenkband fixieren.

Tipp: Gestalten Sie die Narrenkappen-Girlande in Ihren Vereinsfarben! Durch immer neue Variationen der einzelnen Elemente lässt sich die Girlande beliebig verlängern!

„Karneval" und „Alaaf"

→ Deko fürs Fenster

MOTIVHÖHE
Karneval ca. 30 cm
Alaaf ca. 23 cm

MATERIAL KARNEVAL
- Klarsichtfolie
- Konturenfarbe in Schwarz
- Window Color in Gelb, Rot, Bordeaux, Hautfarbe, Ultramarinblau, Saftgrün, Hellblau, Violett und Orange

ALAAF
- Klarsichtfolie
- Konturenfarbe in Schwarz
- Window Color in Rot, Gelb, Ultramarinblau, Orange, Hautfarbe, Saftgrün und Weiß

VORLAGEN-BOGEN 2B+3B

Die Motive wie in der Anleitung auf Seite 3 beschrieben anfertigen.

ALAAF
RNEVAL

Chipsschale & Partylichter

→ kunterbunt

MOTIVHÖHE
Chipsschale ca. 6,5 cm
Teelichter ca. 20 cm

MATERIAL CHIPSSCHALE

- Transparentpapier in Weiß mit bunten Punkten, extra stark, 28 cm x 28 cm
- Crea-Pop Folie, selbstklebend, 0,3 mm stark, 28 cm x 28 cm
- 12 Papierdrahtstücke in Rot, Blau, Grün, Gelb und Orange, je 20 cm lang
- kleine Luftballons in verschiedenen Farben (Wasserbomben)
- Ballonpumpe

TEELICHTER

- Tonpapierreste in Hautfarbe und Pink
- Fotokartonreste in Blau, Gelb, Orange, Hellgrün und Pink
- Transparentpapierreste in Gelb, Hellgrün, Orange und Pink
- 2 Klopapierrollen
- 6 Dekofedern in Rosa
- Ringelband in Gelb, Bordeaux und Rot, 8 mm breit
- Geschenkband in Flieder, 1,3 cm breit, ca. 47 cm lang
- Tortenspitzenrest
- 2 elektrische Teelichter

VORLAGENBOGEN 4A

Chipsschale

1 Aus dem Transparentpapier ein Quadrat mit den Maßen 28 cm x 28 cm zuschneiden und auf ein entsprechend großes Stück Folie kleben. Die Vorlage für die Ecken auf das Quadrat übertragen und diese ausschneiden. Die Löcher für den Draht ausstanzen. Die Seitenwände der Schale nach innen falten und mehrmals mit dem Fingernagel über die Kanten fahren.

2 Jeweils drei 20 cm lange Stücke Papierkordel in verschiedenen Farben durch die Löcher an den Ecken fädeln, um diese zu verbinden. Die überstehenden Enden kringeln und an einzelnen Kordeln nach Wunsch Ballons befestigen.

Teelichter

1 Einen 10 cm x 14 cm großen Streifen Tonpapier in Hautfarbe zuschneiden und um die Klopapierrolle kleben. Die Teelichthülle solange mit einem Streifen Tonpapier umwickeln bis sie in die Klopapierrolle passt. Das Tonpapier an der Hülle festkleben und anschließend als Halterung in der Papierrolle fixieren.

2 Bei der Närrin mehrere ca. 7 cm lange Streifen Ringelband als Haare an den oberen Rand der Rolle kleben und kringeln. Das Gesicht aufmalen. Die Tortenspitze als Kragen um den unteren Rand der Klopapierrolle legen und festkleben.

3 Das Transparentpapier für den Hut am oberen Rand der Klopapierrolle fixieren. Die beiden Teile der Hutkrempe mit einem weißen Buntstift verzieren. Die Federn mit Klebeband an den Innenseiten der Krempe befestigen, diese an den Seiten zusammenkleben und über die Klopapierrolle stülpen. Eine Schleife um den Kragen binden und eventuell fixieren. Ein elektrisches Teelicht in der Halterung platzieren.

4 Für den Narren einen schmalen Streifen Tonpapier (ca. 2 cm x 14 cm) um den unteren Rand der Klopapierrolle kleben. Das Gesicht aufmalen. Den kleinen Kreis in der Mitte des gelben Kragens ausschneiden. Die eingezeichneten Zacken einschneiden und hochklappen. Den Kragen an den Zacken an der Klopapierrolle befestigen. Die bunten Spitzen auf den Kragen setzen.

5 Das Transparentpapier hinter die Öffnungen der Narrenkappe kleben. Beide Teile der Kappe an den Seiten zusammenkleben. Das Teelicht in die Halterung stecken und die Narrenkappe über die Papierrolle stülpen.

Närrische Zeiten

→ Tischdekoration

MOTIVHÖHE
kleine Narren ca. 10 cm
großer Narr ca. 13 cm

MATERIAL
- Fotokarton in Grün, 20 cm x 20 cm
- Fotokartonreste in Rot, Gelb, Hellblau, Dunkelblau, Hellgrün, Dunkelgrün, Hautfarbe und Orange
- Fotokartonreste in Bunt kariert und Blau mit bunten Punkten
- geglühter Blumendraht, ø 0,35 mm
- 1-Cent-Stück

VORLAGEN-BOGEN 4B

1 Die Einladungskarte zuschneiden und in der Mitte falten. Den Narrenkopf mit der Trompete zusammenkleben und auf die Karte setzen. Das Gesicht aufmalen und das Wort „Einladung" auf die Karte schreiben. Kleine Kreise in verschiedenen Farben ausstanzen und auf Trompete und Karte verteilen.

2 Für den Glashalter den Narrenkopf mit Hut und Kragen zusammenkleben. Das Gesicht aufmalen. Den Kragen mit kleinen ausgestanzten Kreisen in verschiedenen Farben verzieren. Das eine Ende des Drahtes an der mittleren Spitze der Narrenkappe befestigen. Das andere Ende als Halterung fürs Glas spiralförmig eindrehen.

3 Für das Tischkärtchen die Kappe, die Krempe und den Kragen auf den Narrenkopf kleben. Das Gesicht aufmalen. Den Kragen mit ausgestanzten Kreisen in verschiedenen Farben verzieren. Den Kreis für den Arm in der Mitte falten. Den Kopf auf die linke Seite setzen. Rechts die Hand und die Ärmelkrempe aufkleben. Ein 1-Cent-Stück mit einem Klebestreifen an der rechten Innenseite befestigen und so die Tischkarte ausbalancieren. Zum Schluss den entsprechenden Namen auf die Tischkarte schreiben.

Thomas
EINLADUNG

Jede Menge Clowns

→ lustige Lichterkette

MOTIVHÖHE
Clownkopf ca. 10 cm

MATERIAL
- Konturenfarbe in Schwarz
- Window Color in Hautfarbe, Gelb, Rubinrot, Weiß, Ultramarinblau, Orange und Violett
- 10er-Lichterkette,
- Crea-Pop Folie, 0,3 mm stark, A2
- Satinband in Orange, Blau, Grün und Rot, 3 mm breit, je 40 cm lang
- kleine Luftballons in verschiedenen Farben (Wasserbomben)
- Bonbons in verschiedenen Farben
- Ballonpumpe

VORLAGENBOGEN 4A

1 Die Vorlage für die Lampenschirme mit einem Bleistift auf die Crea-Pop Folie übertragen. Die Clownsgesichter so unter die Folie schieben, dass sie genau unter den aufgezeichneten Kreisen liegen. Die Gesichter mit Konturenfarbe aufmalen und nach dem Trocknen ausmalen. Über Nacht trocknen lassen.

2 Die Lampenschirme mit den Clownsgesichtern ausschneiden. Die Laschen einschneiden. Die Clowns an die Lichter stecken und den Verschluss mit Klebeband fixieren. Die Luftballons aufpumpen. Ballons und Bonbons mit den Satinbändern an die Lichterkette binden.

Karnevalsumzug

→ Kamelle, Kamelle

MOTIVHÖHE
ca. 20 cm

MATERIAL
- Fotokarton in Blau, Rot und Hautfarbe, A4
- Fotokartonreste in Hellblau, Grün, Orange, Grau, Türkis, Pink, Schwarz, Gelb und Weiß
- Fotokartonrest in Blau mit bunten Punkten
- Hologrammfolienreste in Gold, Silber, Blau, Rot und Orange
- Konfetti in Silber
- Gelstift in Silber
- Sternengirlande in Gold, ca. 42 cm lang
- Ringelband in Rot
- Satinband in Gelb, 0,5 cm breit
- Luftschlangen

VORLAGENBOGEN 2A

1 Die Gesichter aufmalen bzw. -kleben. Die Köpfe auf die Haare setzen. Die Krone am Hinterkopf des Königs befestigen. Die einzelne Haarsträhne auf die Gesichter der Tänzer kleben. Den Hut auf dem Trompeterkopf fixieren und verzieren.

2 Die Köpfe auf Kragen und Kostüme setzen. Die Kostüme gegebenenfalls verzieren. Die Hände an die Arme kleben. Die Schuhe hinten an den Kostümen von Clown und Trompeter befestigen. Dem Musikanten eine Tröte in die Hand geben und die Öffnungen auf diese aufmalen.

3 Die Räder an die einzelnen Wagen kleben. Die Wagen dekorieren. Drei Luftballons am Traktor fixieren. Die Figuren von hinten an die Wagen kleben. Den Kopf und die Arme des Clowns auf den Traktor setzen.

4 Die Sternengirlande mit Klebeband am Partywagen fixieren. Dem König Ringelband als Luftschlangen in die Hand geben und die Außerirdischen ausgestanzte Kreise in verschiedenen Farben als Konfetti streuen lassen.

5 Die Wagen, Figuren und Bonbons auf dem Satinband fixieren und dieses mit Luftschlangen umwickeln.

Tanzmariechen & Gardist

→ Hoch das Beinchen!

MOTIVHÖHE
Tanzmariechen ca. 38 cm
Gardist ca. 44 cm

MATERIAL TANZMARIECHEN

- Fotokarton in Blau, Weiß und Hautfarbe, A4
- Fotokartonrest in Gelb
- Hologrammfolie in Silber
- Chenilledraht in Weiß, ca. 17 cm
- Tortenspitzenrest in Weiß
- 4 Strasssteine in Blau, ø 6 mm
- Konfetti in Silber

GARDIST

- Fotokarton in Blau, Weiß und Hautfarbe, A4
- Fotokartonreste in Braun, Dunkelgrau und Silber
- Flauschfeder in Weiß
- Satinband in Weiß, 0,3 cm breit, ca. 16 cm lang
- dünne Silberkordel, ø 0,5 mm, ca. 27 cm lang
- 2 Strasssteine in Blau, ø 6 mm

VORLAGENBOGEN 4B

Tanzmariechen

1 Die Einzelteile gemäß Vorlage ausschneiden. Die Haare auf den Kopf kleben und das Gesicht aufmalen. Die Wangen rot färben. Den Hut mit dem Chenilledraht verzieren und von hinten am Kopf fixieren.

2 Das Oberteil mit einem weißen Buntstift und den Strasssteinen dekorieren. Für das Jabot drei trapezförmige Stücke Tortenspitze leicht versetzt übereinander kleben. Den Rock mit den Spitzen aus Hologrammfolie, silberfarbenem Konfetti und gestanzten blauen Kreisen schmücken.

3 Den Kopf und den Rock an die Rückseite des Oberteils kleben. Die Beine am Rock fixieren. Stiefel und Stiefelbesatz auf die Beine setzen. Die Arme an der Rückseite des Oberteils befestigen und die Hände aufkleben.

Gardist

1 Die einzelnen Teile nach der Vorlage ausschneiden. Die Haare auf den Kopf kleben, das Gesicht aufmalen und die Wangen mit Buntstift rot färben. Einen Stern aus Hologrammfolie auf dem Hut fixieren und mit einem Strassstein verzieren. Drei Stücke Silberkordel an den oberen Ecken des Hutes befestigen und zwei gestanzte silberne Kreise auf die Ecken kleben. Den Hut am Kopf fixieren.

2 Das Oberteil des Gardisten mit einem weißen Buntstift verzieren. Kragen, Schulterklappen und Ärmelstulpen aufkleben. Die Hände von hinten an den Ärmeln fixieren. Den mit einem Strassstein verzierten Karnevalsorden auf zwei Stücke Satinband kleben und auf die Brust des Gardisten setzen. Die losen Enden des Bandes an der Rückseite befestigen.

WEITERFÜHRUNG

Tanzmariechen und Gardist

3 Mit dem schwarzen Fineliner eine Linie auf Hose und Stiefel zeichnen und die Stiefel verzieren. Den Kopf und die Hose am Oberteil fixieren, die Stiefel auf die Hose kleben.

4 Zum Schluss dem Gardisten das Schwert in die Hand geben. Dazu die Klinge hinter die Hand kleben und den Griff vorne auf die Hand setzen.

Tipp: Basteln Sie das Tanzmariechen und den Gardisten doch in den Farben Ihres Karnevalsvereins!

DIESES BUCH ENTHÄLT 4 VORLAGENBOGEN

IMPRESSUM

Danken möchte ich Sabine Klepper, Nicole Burger und Sabine Mannes für Ihre Anregungen und ihre Mithilfe bei der Anfertigung der Modelle.

FOTOS: frechverlag GmbH, 70499 Stuttgart; Frank Bayh & Steff Rosenberger-Ochs Photographie

DRUCK: frechdruck GmbH, 70499 Stuttgart

Auflage: 5. 4. 3. 2. 1.
Jahr: 2010 2009 2008 2007 2006 [Letzte Zahlen maßgebend]

ISBN 10: 3-7724-3554-8
ISBN 13: 978-3-7724-3554-6
Best.-Nr. 3554